John Asht

L y r i k u s

Gereimtes und Ungereimtes

Lyrik & Poesie

John Asht (geb. 1958) ist ein Essayst und Aphoristiker der neben Poesie sowohl historische Abenteuerromane als auch Mystherythriller schreibt; in Ergänzung seiner ethnologischen Forschungen im Bereich der Goten- Kelten- u. Skythenkultur. Er ist Vater zweier Söhne und lebt in der Fränkischen Schweiz.

John Asht (2015)

Lyrikus

Der Lyrikus
ist sehend
nur ein Reim,
ein Wörtermusikus
mit Dichterkeim,
so zart und fein
wie Musenkuss,
aber ebend
aus Verdruss
so obendrein
allzeit gehend
auf den Leim
vom Pfiffikus,
verdrehend
des Poeten Pein
am Schluss
in regend
Hokuspokus
Fidibus.

Freudensterben

Freude und Glück
sind rund,
Leid und Streit
gar eckig,
des Lebens Spalten
trennen die Keile
des Trotzens und Fluchens,
aus Eitelkeit geboren
für Menschen die schwitzen
vor Angst
wo Tiere eher frieren,
damit am Ende
Ruhm entstehe,
alles in Einfalt vergehe,
so wispert es der Spatz,
durchsiebt
von Schrotkugeln
und Schrapnellen,
seine Eier im Nest
kühlen ab und sterben;
das Leben ist betrogen,
das Glück zerkeilt
ob rund oder eckig
nach Streit folgt Leid,
im Tod wird gestorben.

Verkannt

Vom Himmel schneit es weisen Sinn,
wie Schnee gehüllt in klärend Wissen,
es zeigt mir wie ich wirklich bin,
einst pur und heute arg verschlissen,
und siehe, so schmelze ich dahin
weil die Dummen auf mich pissen.

Sarggrabplag

Habe kein Grab
an das ich fragen gehen könnte
keinen Sarg
an dem ich mich versöhnte
keine Plag
an die ich mich gewöhnte
keine Klag
die mich verhöhnte
darum ich frag
die Unverschönte
die ich mag
wenn sie steht am Grab
mit der Plag
im Sarg
und nix mehr sagt.

Frühmordentlich

Wäre es leicht
so gäbet ich mehr,
gleich Fischen
die nehmen
durchs verschenkten
von viel Morgentau
den sie nie brauchen
denn ihr Wasser
ist auch ohne frische,
wie der Geist in der Kirche
der brennt ab
in der Kerze vom Ketzer,
dem es reicht
das Lügen so klar
ungestraft von der Kanzel
das Wirre macht so wunderbar,
das kollektive Versagen
in der Menge
fromm singender Schafe
rund um den Fischteich
im frühmordentlichen Abendtau.

Eisblumen ohne Sorgen

Taub ist die Sonne
wenn nicht scheint
aus ihr die Wonne
durch grausige Wolken,
eine Blume weint
Tränen aus Sorgen
Splitter aus Morgentau
wie so mancher meint
es wird kalt in der Au
wenn sie nicht reißen
die Wolken, die Grauen
wird die Kälte sie beißen,
die Gewitter, die rauen
ziehen dann frostig ein
und will sie nicht eisen
wird sie verreisen
die flotte Biene,
in sonnigere Gefilde
zur blühenden Apfelsine
wo die Sonne ewig scheint,
und die Erde wird geheilt,
durch Blumen die lachen
und die Menschen erwachen
da oben im Norden
wo Eisblumen blühen ohne Sorgen.

Reli-Verblödelei

Zwei Schwestern
Hure und Nutte
lesen in der Sure
fromm in Kutte,
was ist heilig
in Buddhas Schrein,
dem Hindu
der da hängt am Kreuze
des großen Manitou
erlegen dem Zauber
des schwarzen Woodoo.
So essen sie Schwein
trinken Wein
und pinkeln fein
auf den Glaubenskrieg
ohne Sinn sie treffen
die Reli-Verblödelei,
dem gottverdammten
Kuckucksei
im Menschennest.

Dummweis

Rund ist der Kreis
Eckig das Quadrat
Der Weise ist Weis
Der Dumme braucht Rat
Vor und nach der Tat
Denn sein Hirn denkt Eckig
Sonst geht's ihm Dreckig
Und er lacht sich scheckig
Über den Gedanken
Um's geistige Wanken
Zu wissen warum
Der andere ist Weise
Und er nur Dumm.

Höllendüfte

Es ist zum Verrecken
und in die Eier kneifen
vor lauter Frust aus Lust,
die Kugel hat's gewusst,
bestellt sich cool ein Eis
und legt dich um
aufs ungemütliche Harte
unter dem es nur so rattert
vor Klugheit ohne Sinn;
Geduld ist Inn,
das Leben dahin.
Frische Leichen duften
nach vergorenem Leben,
nach Jenseits schon
sie bald stinken sich vor
auf'm Styx im Hades
drängeln sie sich hin
zur Dusche aus Feuer
wo alle Sünden weggebrannt
und Gerüche von Flieder
dich umgeben ewiglich
zwischen den Teufelshörnern
wo du als parfümierte Zecke
darfst vegetieren ewiglich.

Jungfernwitwe

Die Freiheit führwahr
sie schneit mit Federn,
dieses Jahr,
mit dornigen Daunen
so scharf und klar
aus gerupftem Drachen.
Und sie speiet Feuer
aus brodelndem Rachen
mit hitzigen Gedanken
von unerfüllter Lust.
Die Nöte greifen um
mit glühendem Frust
aus blutroter Seele
um zu wandeln
den Jungfernkuss,
denn es braut
in der Sehnsuchts-Braut
und es sie reibt
in bitterer Kehle,
wenn sie sagt "JA"
zur aufgebarten Freiheit.
Führwahr, führwahr
sie Jungfer bleibt
und Witwe zugleich
für noch ein Jahr!

Wandlung

Vergessen
ist die Sprache
der Urdeutschen
im Sinne des Täuschens
zum Zwecke der Treue
eines mordenden Hagens
vergessen die Fragen
der wandelnden Toten
die da ungerächt mähen
ins Lebendige hinein
mit der Sense der Reichen
ins Perplex der Armen
die sich flüchten
zu Kaffee und Kuchen
als wackere Hüter
alter Ordnung und Sitte
Ruinen enthüllen
wie Denkmäler
aus Tugend und Anstand
sie bleiben vergessen
vom Vergessen.

Wenn alles bricht im Licht

Buntes Blatt im Herbst
du hörst dein Sterben
mit knöchernem Ohr
den Nabel im Moor
blutig-kunterbunt
wirst du verderben
farbig verletzt
vom Tau benetzt
spürst du das Aus
in deinem Herzen
aus sind die Kerzen
und der Tod ist nah
er lauert schlau
in einer Sense
im Auge das Gericht
im Schritt die Gicht
so er nimmer will
der Knochenmann
im Mark hat Aua
vor dem Drill
macht Haua
in die Angst
wenn es bricht
das Licht
so schlicht.

Drachenwald

Die Lanze bricht
wie ein Zahnstocher
im Maul des Drachens
und sein heißer Atem
strömt gefährlich aus
das MEGAVERGESSEN.
Doch der wackere Ritter
micht verzagt
in stählerner Rüstung
wohlwissend,
dass Drachen nicht stehen
auf Konserven;
vor allem nicht im April
und niemals
im Wald voller Nummern
wo ein Uhrenblatt weht
die Zeit durch die Bäume
und ganze Epochen fließen
den Bach hinunter
im Drachenwald
wo es nur so wimmelt
von Rittern
die sich nicht mehr erinnern
weder an Lanze aber
in glänzender Rüstung.

Zefix

Zefix, verflixt,
es gibt Tage
da ist Nix keine Frage.
Zefix, verflixt,
im Geiste ist Nix;
getrickst ist das Nix,
die Seele verheizt
als Plage,
zerflickt aus Nix,
wie in der Sage
vom Lande Nix;
Zefix, verflixt.

Gutblut

Mein Herzensblut
Aus Feuer und Glut
Es erlischt
Wie allmählich
Der Lebenssaft
In der Gicht
So schmählich
Aus der Kraft
In den Mut
Aus Böse wird Gut.

Korn und Kern

Horden von Pferden
galoppieren übers Gras
stampfen und drücken
in den Boden hinein
das Korn und den Kern
als fruchtbaren Samen
von Lebenslust und Trieb.
In tobender Kavalkade
sie quetschen
gleichzeitig heraus
aus Mutter Erden
den Hauch des Daseins
im ekstatischen Seufzer
als Stöhnen des Planeten.
Gleich einer Stampede,
ein Weltendonner
überzieht den Globus
erbebt in sich den Kern
den Samen
aus galaktischem Willen
in kosmischem Schoß.

Ausisdashaus

Das Haus ist aus,
ihm ist passiert ein Garaus!
Weg ist der Rasen,
die Hutsche und die Kutsche
aus dem Haus, ist alles raus,
was für ein Graus!
Was soll nun werden,
mit den Säulen wo Engel säumen
am Anfang und am Ende
vom prächtigen Hofgang,
dem edlen Gelände
aus Saus und Klang.
Es ist aus, es ist draus
das Haus aus der Häuserherde
in das Fremde kommen
im Kopfe benommen und unbesonnen,
in der Seele zerronnen.
Sie kommen in das Haus
und geben sich aus als Schergen
von Käufern und Patronen,
von Mätressen und Matronen
mit Fürzen aus Äonen.
Sie trinken Champagner,
werden irgendwann schwanger
und gebären Erben,
verdammt zum Sterben.

Muttertag

Aus Lust und Freude
lässt sie sich schwängern
denn es macht Spaß
und weil sie tickt
ihre biologische Uhr,
so draus werde ein Kindle
gesund und munter
im Nest voller Liebe,
sie spielt die Mutter
im Puppenhaus sich alles dreht
nur noch ums Plagen
zum Wohle des Kindes
auf dass aus ihm werde
ein tüchtiger Mann
oder reumütiger Häftling
eine sittsame Lady
oder patriotische Terroristin,
Zuhälter oder Nutte,
Bankkauffrau oder Direktor;
Hauptsache, sie stiften
irgendwann den Tag der Mutter
damit sie nie vergessen
wem sie das alles verdanken.

Der Nehmer

Es ist Freude im Tag,
wer's hinterfragt,
der's nicht mag
zu sitzen am Tisch,
wo die Fische sind Frisch.
Ein gutes Gemisch
im Aquarium,
die Echsen im Terrarium.
Er starret dahin
den ganzen Tag
Wie sie sind da drin,
so wie er's mag,
gegrillt und gegart
nach seiner Art
lässt er sie leben
jeden neuen Tag.
Denn er kann geben
und er kann nehmen
sogar das Leben,
so wie er's mag.

Friedenstaube

Sie ist taub für den Frieden
und scheißt auf die Leute,
beschmutzt die Dächer
und nistet in der Kunst
so mancher Architektur
die sich findige Menschen
im Heile so ausgedacht
und worauf sie nun kackt,
mit Ölzweig im Schnabel,
Frittenöl für McDonalds
in weißem Fiedergewandt
gleich einem Geist
sie bringt uns den Zwist,
gurrt, schnabelt und scharrt
mit den Flügeln
als Ratte der Lüfte
verhasst und geprügelt.

Schmerz-Land

Schmerz in der Hand,
es ist die Rechte,
mit der ich schreibe
und arg fechte
für das Land
ohne Pfand
für das ich leide
und trotzdem bleibe
ohne Rechte
so am Rand.

Im Flügelschritt

Tücke ist im Blick
verdingt sich in Tat
nach Vorwärts geht es zurück
im Flügelschritt
mal zuzweit, mal zudritt
der eine krumm
der andere schlecht geflickt
endlich mal gut gefickt
im fidelen Vögelschritt.

Die Fürze des Zeus

Auch Zeus ließ Fürze
fahren und sausen,
doch sie rochen nach Flieder
und divinem Sieger,
schwängerten die Lüfte
mit göttlichen Düften
bis ins Wasser hinein
zu den Fischen
die dann wurden schwanger,
zuerst nur ein bisschen
dann aber volle
gebaren sie den Kaviar
als Delikatesse
für den Olymp,
wo Zeus dann verspeiste
als Kannibale die Mutanten
seine eigenen Kinder
weder Fisch noch Fleisch,
sie verdaute und furzte
wieder aus in die Lüfte;
ein gesegneter Kreis
aus göttlichem Speis.

GINSTER

Es ist kalt
das Herz
aus Eisenerz.
Und bald
wird's finster
im Wald
wo die Eichen groß
und der Ginster
ein Strauch
am Boden bloß,
nur ein Hauch.
Und er ist kalt
wie das Herz
aus Eisenerz
das sich krallt
ohne Halt
im Geflüster.
So wandert am Boden
der Ginster
bis sie ihn roden
den Wald aus Eichen,
und urigen Geistern
mit dem Herz
aus Eisenerz,
so ewig und kalt
schon bald.

Omen

Mitten im Fuck gezeugt
zwischen Därmen gewachsen
unter Schmerzen geboren
wurden wir alle betrogen
systematisch
hinters Licht geführt,
betäubt mit Aldi-Drogen
um nicht zu reklamieren
dass wir sind nun Stricher,
gezwungen zu gehen auf den Leim
aus Strich und Faden,
bedingungslos folgen
perfiden Regeln und Normen
vorgeschrieben mit listiger Tinte
von Staat und Kirche
der Firma Tohu & Wabohu,
der Peitschenschwinger
und Sesselfurzer
die unnütze Normen prägen
uns an die Kettenmoral nieten
das Hirn zermatschen,
da ohnehin schepps geboren
als Zombies auserkoren.
Drum hör auf zu denken,
und Friede sei mit dir!
Omen!

Schmetterling

Der bunte Schmetterling
ist ein gar sonder Ding
das wird vom Maden-Ei
zuerst ein Mädchen.
dann als Lärvchen
sich verbiegt
im Kokon fey,
um endlich zu flattern
frisch verliebt
in unseren Bäuchen
wenn wir uns begatten
nach Sitten und Bräuchen;
danach entweicht er ins Freie
der missbrauchte Schmetterling
und wird ein Beuteding
fürs zwitschernde Vögeleye.
Ohway-Ohwaye!

Krampf im Gemüt

Krampf im Gemüt,
höllischer Nervenzwist
aus Hirn und Moral,
des Teufels Korpuskel
die Gicht zerbricht,
den Finger macht krumm
die Faust zum Troll
so er trommelt toll
den Krampf zum Groll,
er lauert und harret
zuckt durchs Gemüt
blitzend durchs Geblüt,
bis du willst
nur noch sterben,
weil es ohnehin
gibt nichts zu erben.

Gedicht an die Nase

Kann denn diese krumme Nase lügen?
Niemals nein und nicht!
Denn sie dient dem Wicht
Zum ackern und pflügen,
So auch zum riechen
Was die Zukunft bringt;
Sieht Zahlen kriechen
Eins und eins und eins,
Bis sich 1.111.111,11 ergibt
Früher oder später.
Wie auch immer:
Lieben wird dieser Nasenträger
  Die Zahlen wohl immer!

Käfiggeschichte

Er schnabelt und nagelt
der bunte Sittich
bis aufspringt des Käfigs Tür,
hinaus er entfleucht endlich frei
knapp vorbei an der Katz
mit der kralligen Pratz,
flattert er fröhlich in die Lüfte
ohwei-ohwei,
wo der Sperber grad jagt die Maus
erblickt aber den bunten Sittich
schwengt um und schnappt ihn sich,
ohwei-ohwei,
während die Maus sich rettet vorbei
an der Katz ihrer Pratz
in den nun leeren Käfig,
zitternd froh verriegelt die Tür
und späht durchs Gitter
wie der Sperber verspeist den Sittich,
und vor lauter Gier nicht sieht
ohwei-ohwei,
den Sprung von der Katz mit der Pratz.

Dolchlyrik

Freu!
Es ist dies,
mit Wünschen,
ein neues Jahr,
wiedermal.
So sehet
führwahr,
mir ist Bange,
weil alles bleibt fies
und klamme,
fremd wie bizzar.
Denn weiter gehet
das Lügenbetrügen,
so das perfide Lynchen
von Moral und Leben;
weil so sind sie eben
nur sich selber treu,
die Menschenleute;
ewig frei von Scheu
erpicht zur Beute,
ohne Geben,
immerdar.
Hoy!
!!!
!

Kaptur

Am Kahlen Ast
hängt hungrig und durstig
die Freiheit
mit gestutzten Flügeln
hängt sie kopfüber
einer Fledermaus gleich
geteert und gefiedert
erstarrt in Panik
vor einer Unzeit
die verräterisch
hält an im Bösen
nach unten gesogen
vom Schlund aus Gier
die da geifernd haucht
aus krächzendem Rachen:
So sage ich dir
gegen mich gibt's kein Elixier
ich bin dein und du bist mir!

Tau

Vom Himmel fällt
ein klarer Tau,
jeden Morgen,
jeden Abend
auf die Wälder,
Wiesen und Felder,
erweichend die Sorgen
von Mann und Frau;
erweichend den Kummer
der da verborgen
heimlich lungert
und tückisch nagt
an unseren Seelen
und es wagt,
sobald es tagt,
ungefragt
zu stören und betören
den sanften Traum
von Glück und Frieden.

Doch siehe ich trau'
zu schau'n hinauf
in das Licht
aus dem Tau;
Tränen der heiligen Frau,
die da bricht
den Zauberschein,
wenn er fällt der Tau,
auf meine Augen,
mein Gesicht.

Menschlein schaffe

Menschlein, Menschlein
schaffe, schaffe
dir ein Göttlein fein
Nach eigenem Angesicht
so feig und hinterfotzig.
Menschlein, Menschlein
schaffe, schaffe
dir im eignen Zauber
Ablass aller Sünden dein
in einem Himmel
links der Hölle
mit Engeln obendrein.
Menschlein, Menschlein
schaffe, schaffe
dir die Dummheit schön
und erkenn' um sieben Ecken
dass alles ist vergänglich,
und nichts so wirklich rein;
außer selbstgebauten Fallen
in die du immer wieder gerne
erlösend tappst hinein.

Plag am Grab

Habe kein Grab
an das ich eine Frag
stellen könnte,
keinen Sarg
an dem ich mich versöhnte,
keine Plag
an die ich mich gewöhnte.

Drum ich frag
die Unverschönte
die ich so mag
wenn sie steht am Grab
mit der Plag
im Sarg
und nix mehr sagt:
Wieso erst verbrannt
in alle Winde verstreut
meine Asche verbannt,
nun stumm steht da
mit dieser Plag
an stockfremdem Grab?

Blumenzauber

Zum Welten schmücken
sind Blumen so bunt
wenn nicht weiß
oder gar schwarz,
sie alle sind schön,
haben auch Tücken;
so manche duften
andere stechen,
sprießen und locken
zum Fressen die Mücken.
Selbst als Mumie
alias Strohblume,
gepresst im Herbarium
oder im Kranze
sie schließen Lücken
in einer Natur
wo sie vom Menschen
meist werden getötet
abgeschnitten geopfert
aus lauter Liebe pur
und zum Beglücken
der begehrten Menschin,
sie am Libido jücken.

Dummweis

Rund ist der Kreis,
eckig das Quadrat.
Der Weise ist weis,
der Dumme braucht Rat
vor und nach der Tat,
denn sein Hirn ist eckig
und er lacht sich scheckig
über den schlauen Gedanken,
dem geistigen Wanken.

Schrumpflyrik

Wer für ein künstlich Rattenklima wirbt
so nur Ungeziefer darinnen gedeihe,
zugleich alles Edle arg verdirbt
und anstatt Weizenkornig
übrig bleibt nur Kleie;
der da auch stirbt
am Rattendreck,
da er ihn leckt
und elendig
so dabei
vreckt.

Langeweile ...

... ist verschwendete Zeit
die totgeschlagen wird
mit Nichtstun als Waffe,
das Fallen ins Loch,
eine Unweile zumal
wo dir wird bang
vor ihrer tiefen Länge
und Aussichtslosigkeit
suggeriert vom Echo
aus dem tiefen Loch
das du lebst in die Welt,
ohne Erfolg kommend
von jenseits des Schalls
rast lässig auf dich zu
mit Lichtgeschwindigkeit
und trifft voll pennend
den regen Müßiggang in dir
und generiert sodann
die träge Panik im Gemüt.

Über den Sinn des Daseins

Drum bin ich hier
und schau mich um
frage mir,
ob schlau oder dumm,
Mensch oder Tier
und überhaupt wozu, warum?!

Unsein

Es naht das Ende,
die Zeit ist reif,
zur fröhlichen Wende
vom Nichtsein ins Sein.
Drum ganz ängstlich
ich ihm reiche
die mutigen Hände
und weiche
stürmisch unherrlich
ins gelobte Unsein
zurück hinein.

Alt & Jung

Sie streiten und zanken
seit ewigen Zeiten
die Jungen und Alten,
wer Recht hat
und weiß besser
was wann zu tun
oder zu lassen,
wen zu lieben, zu hassen,
was nehmen und geben,
wen schicken zur Hölle
oder loben in' Himmel
hauen in die Pfanne,
wem pissen ans Bein,
fromm anbeten,
fiese bestechen
oder zusammentreten,
wie besser bescheißen
und machen Gewinn.
Die Lösung gar weise,
alle zu Schlichtern klonen
Alt wie Jung
einst Zänker und Streiter
in Frieden tauchend
als Zombies versöhnen,
zur Eintracht taufen.
Welch grausige Tristes
wenn dann alle einig
im Reigen fromm nicken
und brüderlich traut
ihre Schwestern ficken.

Nichts

Ich habe ein Brot gemacht
und es ist nicht geworden.
Ich habe einen Satz gedacht
Der jedoch im Kopf verdorben.
Nichts ist vollbracht,
schon im Werden erstorben.

Haylaylay

Haylaylay
Träume sind Bäume
Ohne Wurzeln und Blätter
Träume sind Blitze
In Schlafes Gewitter
Buntes Allerlei
Erkenntnis in Scheue
Das Ende vom Anfang
Vom Leid ohne Reue
Der Mut ist Feige
Im Beginnen vorbei
Schamhaare der Loreley
Gefickt ist der Retter
Mit heilgem Gesang
Im Arsch die Geige
Haylaylay!

Himmelwasser…

… fällt als Regen
oder Tau,
manchmal vereist
als Raif,
Hagel oder Schnee,
fällt sanft,
wird verweht
im Sturm der Stille,
taut oder fließt gleich
immer den Berg hinab,
nie hinauf
das Himmelswasser
steigt gen Himmel
als Dunst,
eine Wolke bildend
um wieder zu fallen
als Heer von Tränen
so daraus wachse
gleich einem Segen
alles Blühende
im Schönen,
alles Duftende
im Guten,
alles was will leben
um schlussendlich
glücklich zu sterben
im ewigen Kreislauf
des Wiederwerdens.

Verstand

Der Verstand
ist ein Bestand
aus Geistes-Schmand,
aus Krieg im Sand
der alles belangt
was gesund oder krank
als Satan bekannt
auch Teufel genannt.

Am Geiste erkrankt
niemals gerammt
da arg verrankt
ist der Verstand,
bis er völlig abdankt;
als Genie verkannt,
als Niete überrannt
und trotzdem verwandt
mit einer Seelenwand
aus rosa Lummerland:
Irrsinn genannt.
Verdammt,
Verdammt,
ich habe mich erkannt,
dank meinem Verstand.

Kuckuck der Erlöser

Der Kuckuck schreit
vor lauter Kälte,
er sei bereit
für eine neue Warmzeit,
legt sein Ei
so heiß und dampfig
ins fremde Eise,
lässt es schmelzen
rund um alle Fische
die tiefgekühlt
ganz arg weinen
vor lauter Freude
und heilger Erlösung,
die Seen und Meere
sodann füllen
mit Augenwasser
bis da taut
der Erde Perihel
und sanft kippt
die Erdenachse
sie von Eiszeit
zu Warmzeit dreht,
nur weil frech
der Kuckuck
sein heißes Ei
rebellisch legte
ins fremde Eise.

Schlaufrau

Schöne Frau
so schlau
wie schick
auf Erden
in der Kutte
einer Nutte,
ich durchschau
den Trick
deiner Augen
so blau
  die mir sagen:
trau
den Gebärden
dieser Frau
mit nuttigem Blick
in frommer Kutte,
lüsternes Lauern,
auf geilen Fick
zum Vaterwerden.

Schluss

Ein Erdenkunde
macht Schluss
mit seinem Leben,
noch ein Kuss
dann ist's vorbei
mit allem Übel
dem irdischen Verdruss
der geprägt hat
sein Streben,
verursacht
sein Scheitern
im letzten Willen
alles gebrochen
und zersägt
sein Können,
dezimiert
allen Überschuss;
nur weil es so
sein muss
zum Schluss.

Ruhe sanft

So gehst du hin
im Geist
nach droben,
kommst nie wieder,
edle Menschin,
Gute, Sanfte,
verlässt was ohnehin
hast dir gelobet
für hier darnieder,
du weißt,
edle Menschin,
Gute, Sanfte,
zu allerletzt
in deiner Taten Tun
sich wiederspiegelt,
wenn du bereist
der Erde Sinn,
in der du ruhst
als schlichte Asche,
edle Menschin,
Gute, Sanfte.

Mauskrähe

Es hext die Hex:
„*Hohl ist der edle Stein*
aber er ist mein
drinnen fein
die Pein
klein
fein."
Dann schluckt sie ihn runter
den hohlen Stein
mit der Pein
und kriegt Flügel,
rotgierige Augen
und schwarzes Federfell,
so Mauskrähe lacht:
„*Es ist vollbracht*
gibt acht, gib acht
die Hex ist erwacht
ihre Pein entfacht
ab jetzt bedacht
überall es kracht!"

Friede mit Frieda

Frieda
gute Seele
Friede sei mit dir,
Frieda
ich dich sehe
überall und hier,
allflehend:
Vergebe mir!

Ineinem

Eine Zukunft ruft
fragt einen Himmel
wer verrucht, geplagt
noch so strebe
nach einem Verderben,
einer Saat aus Fluch
die aufgeht nur
in einem Massensterben
von was ineinem kreucht
weil es nicht kann fliegen
und sich ineinem traut
zu erbeten und erflehen
was dem einen tut gut
einem andern schlicht
einem bringt aus Nehmen
eines anderen Glaubens
an eine Glut des Guten
vereint in einem Einen.

Für Antje

Kopfüber
hängen die Herzen
gleich Tränen die schmerzen,
sie wähnen
sich Tau
und begießen
Liebes wie Wahres
… und schau …
welch Wunderbares
Sie lassen sprießen.

Beten = Betteln

Beten heißt betteln

um etwas

was du schon längst

hast empfangen

aber es nicht siehst

nicht spürst

nicht findest

weil du blind

und taub

vergisst zu öffnen

deine Augen, deinen Sinn

um zu gelangen

zur Erkenntnis

aller Dinge

die so selbstverständlich

in dir sind

seit du bist

ein ewig Kind.

Tot

Bin so tot
Kann nicht mehr sterben
Leb wohl ewig
Ohne Not
Doch stetig
Im Verderben

Zerscheller

Bummelt durch die Welt
ohne Kröte, ohne Geld
aus Not macht noch mehr Nöte
und das solange er fällt
der ewig traurige Held
der alle Zechen prellt
und dennoch
das Dunkle erhellt
während und weil
er an sich selber zerschellt.

Alles ist alle

Feuer vergeht in Flamme,
Baumseelen flüchten
aus Kronen zurück
in ihre Wurzelspitzen.
Eier aus Hühnerärschen
sind auch schon alle
rar geworden;
die Pfanne gähnt
und bruzzelt leer.
Frau steht wiedermal
vor'm prallem Kleiderschrank,
findet nix zum anziehn
und bleibt attraktiv,
weil alles ist alle im Blick.
Dem Krieg fehlt der Sieg,
dem Teufel die Hölle,
der Liebe der Reiz,
dem Weg die Straße,
dem Regen die Nässe.
So alles fehlt
ist sowas von alle
könnte bitter heulen,
doch die Tränen sind alle;
so tu ich's wie ein Wolf.

POKER

Es bluffen im Leben
all die da geben
um zu nehmen
den Segen,
sich selber ergeben
bedacht verkracht.
Des Pokers Seele!
Karten auf,
Schnauf,
Karte tausch,
setz eins drauf,
mit den Augen lausch.
Schlau,
trau wem schau
und siehe
wie er die Karte ziehe
mit der Ecke nach vorn
und visiere
über Kimme und Korn:
Fünf sind im Blatt,
nur Dreie satt.
Er wirft den Gulden,
erhöht,
passt und verliert
übt sich in Gedulden
und stiert
aufs nächste Blatt,
süchtig unsatt
bis er ist völlig platt.

Weg ist der Weg

Dieser Weg
aus der Gosse
führt über einen Pfad
zu jenem Steg
der mündet
in einer Straße
an deren Ende,
wo wartet die Richtung
zum edlen Boulevard,
gleich einer Weisung
die da heißt:
Weg ist der Weg
aus der Gosse
verschwunden,
verschollen,
unauffindbar weg
vom Winde verweht,
vom Erdboden verschluckt,
für immer weg
ist der Weg zum Pfad
vom Steg zur Straße
über die Gasse
aus der Gosse.

Es reicht

Der Schnaps ist leicht,
erweicht
die Gedanken
werden seicht
und schwanken.
Der Feind hats leicht.
Es reicht,
es reicht!

Alles verbleicht
und erreicht
die Unzeit bald,
trügerisch gleicht
dem Vielleicht
das da laicht
die Sinne verhallt.
Es reicht,
es reicht!

Hut

Sei auf der Hut
vor dem mit dem Hut
denn seine Galle
ist voller Wut,
seine Augen
sprühen Glut
so Zorn tut ihm gut.
Ihn zu stören
ist nicht klug,
lass ihn lieber gehen
zum Brunnen
bis ihm bricht der Krug
aus faulem Zauber,
Lug und Trug.
Aber auch danach
allzeit ins Lande lug
sei auf der Hut
vor dem mit dem Hut.

Johnny Bob

Einmal Grog
für Johnny Bob
der manchmal zart
und manchmal grob
sich macht ins Hemd,
dem Hungertuch;
als wäre es ein Fluch
wenn er so scharrt
mit den Hufen
und den Hörnern stößt,
niemals   gerufen
teuflisch da
er sich höllisch löst
aus dem Grog
vom Johnny-Bob
so er zart
und so er grob.

Ex-Menschen

In vielen Erden
verroten Ex-Menschen
die einst träumten
fromm und ergeben
von einem Weiterleben
in Himmels Paradies;
Trottel mit Marotten
die da hofften viel
nur erreichten wenig
zu Staub und Asche
in feuchten Grotten
sie grausam zerfielen
von Bakterien verspeist,
 zeitlebens aber hofften
und erkauften schwer
die Vergebung ihrer Sünden,
um nach jedem Vergeben
zu sünden noch eins mehr;
so sie jetzt verrotten
elendig
in feuchten Erdengrotten.

Juchu

Wir vergeben im Erleben
das Nehmen vom Geben;
ich und du
und Müllers Kuh,
der Teufel kommt dazu
zum Schwirren
durch die Hölle
zu viert durchs Leben
wie Tritt im Schritt
und Faust aufs Auge
üben wir das Irren
in höllischen Wirren,
bis alles unvergeben
wird verklirren.
Juchu!

Pfand

Auf der Hand
liegt das Pfand,
zerrinnt wie Sand
zwischen den Hirnzellen
und taugt nix
zefix-verflixt,
auf Treue sei geschissen
du reuiges Gewissen
denn alles ist verschlissen,
in sich selbst verbissen
in den Silberstreifen
am Horizont
wo ich tu missen
das Streicheln
 meiner Poren
durch die nun rieselt
aus dem Hirn der Trugsand
vom tückischen Pfand
auf der Hand.

Menschenvergleich

Menschen im Vergleich
sind sehr ungleich,
da einige sind bunt
die anderen bleich,
wenige sind reich
und viele arm,
einige sind gescheit,
die Guten und Bösen
gutgläubig schlau,
 kaum bereit zu verstehen
ihre eigene Natur,
ein Geflecht
aus Fragen pur,
ein Gemisch
aus Feigenblatt
vor dem Geschlecht
letztendlich aber
 ein Hauch
von einem Wille nur.

Drei Lieder

Es ist das Lied von Leid und Trost
das mir leckt die Wunden
streichelt mein vergewaltigtes Gemüt
schnürt mir die Kehle zu
und lässt mich klein erscheinen,
mickerig und nackt erschauern
in jedem neuen, rauen Morgen
an dem kein ätzend Tau mehr fällt
durch den ich laufen muss
über stachlige Klapperschlangen
und beißenden Kakteen hindurch,
dahin wo es himmlisch erklingt
das ganz andere Lied
von holder Freude und Wonne
dessen Töne ich aber nie erreiche,
weil meine geschunden Glieder
alle auf der Strecke bleiben
und nur mein Wille noch erreicht
die Quelle himmlischer Töne
um einig zu verschmelzen
mit einem dritten Lied
von Glück und Frieden.

Hokuspokus

Tohu Wabohu
Sprachengewirr
du bist du
und ich bin wirr,
Ene mene Miste
Magie aus der Kiste,
wer ist wer
Strohhalm im Arsch
ein Furz steht quer
und quält den Barsch;
Simsalabim ich schreie
Abrakadabra
ich bin wer ich bin
Hokuspokus Fidibus
der Zauber ist hin,
 Hex mit Krötenfuß
ich durchschaue deinen Sinn.

Am Arsch

Die Dummheit ist groß
der Glaube mächtig
 der Verstand ist wendig
wenn Einsicht verschmilzt
mit reifer Erkenntnis
und gebärt Verständnis
sodass der Gescheite gibt nach
sich zieht zurück und belacht
wie die Dummen obsiegen
und ewig die Welt regieren
weil alle das so wollen
denn Dummheit macht selig
und bringt Frieden …
nach jedem neuen Krieg
immer und immer wieder.

Wehende Winde…

… bringen Regen
wenn sie sind nass;
grau ist ihr Segen
wie Freude aus Hass.

Wehende Winde
bringen Feuer
wenn sie sind heiß
die Blitzgebilde,
himmlische Ungeheuer.

Wehende Winde
werden zum Sturm
wenn sie wird zornig
die luftige Gilde
so wild und hornig.

Wehende Winde
bringen Schnee
wenn sie rieseln
dem glücklichen Kinde
der holden Fee.

Dichten

Das Gedicht ist da
um zu dichten
alles was undicht
zu machen dicht;
den lecken Gedanken,
 das Loch in der Seele,
den Wind im Hirn,
den durchsiebten Trieb
 zu füllen mit Dichte
mit Lyrik als Mörtel
und Poesie verputzen
zum festen Gebilde reimen
auf dass am Ende
sich im Erschließen
alles gut passe
im Beantworten
mittels dichten Verkittens
von aufgeworfenen Fragen
Vers für Vers im Poem
Strophe für Strophe
zum großen Verstehn.

JAIN

Du sagst NEIN und meinst JA
ich bin da, ich bin frei
sei doch mein, wie ich dein
du sagst NEIN und meinst JA
du sagst La-La-La
und meinst Bla-Bla-Bla.
ich aber verstehe nur Tra-La-La.

Gefickt

Schräg ist der Blick,
verdingt die Untat,
nach Vorwärts geht's zurück
im Vögelschritt
mal zuzweit, mal zudritt,
alle scheps und krumm,
und sehr geknickt
weil dumm in' Arsch gefickt.

Antipartikel

Was noch zappelt
ist nicht tot,
was sich regt
hängt nicht im Lot,
was sich dreht
hat Schwung,
was steckt
nicht lose ist
und vielleicht fliegt,
wenn es sich biegt,
ist es bald verdreht,
 bricht,
wird unganz
als Teil vom Teil,
ein Unstück
vom Antipartikel
aus reinem Pech
und ausgebliebenem Glück.

Der Wicht

Das Licht
es bricht
das Untergewicht
vom Wicht
der da zischt
wenn er erwischt
das Licht
wie es erlischt
das Nicht
erpicht
vom Gedicht
so undicht
 es bricht
das Licht
in der Gicht
vom Wicht
und entwischt.

Windkind

Es spinnt
das Kind vom Wind
will alles ummachen
neu bewinden,
verwehen geschwind
was bisher war gut,
was bisher war Recht;
so Ölen den Blitz,
den Donner verstärken,
auf dass er erschrecken
soll alle schwarzen Katzen,
die Toten erwecken
und bringen zurück
die Geister die verlieren
    dann ihr Gesicht.

Xsamen

Die Einsamen
haben einen Namen.
Die Zweisamen
sind im Rahmen.
Die Dreisamen
bringen Gaben.
Die Viersamen
sähen Samen.
Die Fünfsamen
sagen Amen.
Die Sechssamen
fragen Fragen.
Die Siebensamen
viel wagen
Die Achtsamen
vorsichtig traben.
Die Neunsamen
sind Plagen.
Noch Fragen?

Schall aus der Hostienbüchse

Den Fährmann
hin zum Hades
fürchten viele Menschlein
die noch nicht begriffen,
dass sie nicht mehr leben,
und lange sind schon tot,
da breit ihre Seele darbet
in einer Hostienbüchse
aus der es schallt:
„Im Denken
liegt die Macht,
zu Schicksalslücken
hin zu lenken
braucht es Kraft,
doch ohne Glücken
wird nichts vollbracht."

Zorn

Der Zorn
ist allzeit
ein Dorn
kommend
von vorn
oder hinten,
allzeit
kommend
von den Linken
und Rechten
die da allzeit
dächten
sie rächten
die Ursache im Korn,
die Urfrage im Horn,
allzeit
das Ei in der Sohle;
allzeit
im Arsch ein Dorn
vom giftigen Zorn.

Mausdasein

Viele Leben hat die Maus
und viele Identitäten
bis hin zum AUS vom AUS
jagt sie die Katz
durchs ganze Haus
und stirbt im Katermaul.
Wiedergeboren auf der Messe
als scharfe Hostesse
 manchmal fröhlich kesse,
 manchmal voller Tristesse,
 wenn sie wird ein Vogel
 eine Bordsteinschwalbe
und der böse Geier AIDS
sie infiziert und bestirbt
damit sie werde reinkarniert
ebenfalls auf der Straße
als nette Politesse
die schreibt Sünden auf
in Form von Knöllchen,
bei Hitze und bei Nässe.

Pferdegeflüster

Sie flüstern
durch die Nüstern
die Pferde
wenn sie schüchtern
in die Herde flüchten,
oder grasen
auf dem Rasen
und rasen
im Galopp
in der Herde
über die Erde;
hoppe-die-hopp
hoppe-die-hopp.

Wären

Wären meine Sorgen Flügel
könnt ich mit ihnen abschwirren
dahin wo Sorgen sind verborgen.
Wären meine Träume Trüge
könnt ich sie wegtrügen dahin
wo nur gute Träume werden wahr,
das wäre wunderbar.
Wäre mein Schicksal aus Eisen
könnte ichs bringen zum Glühen
es schmieden und biegen
zu einem Kleeblatt, wie ein Herz
einfach so zum Scherz
und auf dass ich für immer
werde sorglos glücklich
und truglos zufrieden.

Der wer

Wer liegt
nicht steht,
wer fliegt
nicht geht,
wer schlau
der weiß,
wer dumm
der glaubt,
wer siegt
der über allem steht.
Wer aber wissend
über Leichen geht,
niemals verstehend
das Verderben
wie es oberschlau
ihn hat gebissen,
so dumm er glaubt
alles besser zu wissen.

Auswischen

Zorn im Hass,
Brut aus Wut,
Neid im Feind;
Angst ist in der Blässe,
ein Tunichtgut
wird edler Helfer
und lässt entwischen
das treudoofe Schaf
im Wolfspelz versteckt,
mit Häuptlingsfedern
im Arsch will fliegen
zu den sieben Raben
die da haben viel Gehaben
mit Spatzenhirn so diesig,
im Geiste trüb und trüber
so im Totenschädel
der Schlange zischen
will alles Gute erlischen,
Schaf mit Wolf vermischen.

Wut

Wut macht Mut
aus blanker Glut
sei auf der Hut
Ungut
wenn er's tut
in seiner Wut.

Nimmt er den Hut
ist es gut
Unmut
aus ist die Glut
besser ist gut
wenn sie ruht
die blanke Wut.

Metamorphose

Alles was zerrinnt
wird unfest,
weich und flüssig
wie das Blut
in unseren Adern
war einst Honig
einer emsigen Biene,
vorher Marmelade
aus Aprikosen,
und weit vorher
war es Harz
aus einer Kiefer,
am Anfang ganz
aber war unser Blut
eine Goldader
als wir noch waren Gebirge
und badeten im Meer
gleich einer Insel
voller Kannibalen
die Blut sehen wollten
mehr und mehr.

Nacht

 Die Nacht
sie wacht
über Traum und Schlaf
über Wolf und Schaf
über Fuchs und Has'
mittels Geschnarch
aus Mund und Nas,
wat'n Fraas.

Klau

Es gerinnt
im Tau
was dringt
in den Saum
des Seins,
dass da nimmt
im Klau
den Geist
von einst.

Grausiger Rächer

Die Frist ist verlängert
der Tod, ein Kavalier.
Im Sturm bricht ein Ast
der Gedanke knickt ein
und offenbart sich
als Echo vom Urschrei
der da jagt durch die Zeit,
die da jagt dein Leben
in das du flegelhaft stolperst
immer wieder hinein,
ungefragt und ungebeten,
wie ein Wurm ins heilige Licht,
wie eine Zecke in göttliche Aura.
Darum ist die Frist jetzt um,
spricht der grausige Rächer,
nimmt dir die Frist
nimmt dir das Licht,
nimmt sogar dem Tod
das Attribut des edlen Kavaliers.

Mal

Vier Winde wehen
in den Sonnenstrahl
drei Kinder ziehen
vom Berg ins Tal
zwei Lieder erklingen
zum letzten Mal
das Mädchen
singt sie allemal
und verschwunden
sind wie dazumal
die beiden Jungen
wieder einmal.

Wer da raube

Ein stilles Auge sieht und liest
und glaubt so blau in gutem Glaube,
dass sie sprießt ganz schlau
die heilge Sinnestraube
wenn man sie nur begießt
mit klarem Wissens-Tau
und ihr somit raube
die Plage namens AUBE.

Revolution

Kielen tut der Brand
in alten Schachteln,
Glut will sich entfachen
zu lodernden Flammen
feurig explodieren,
um zu verbrennen lichterloh
alles was zu trocken
und alles was vermodert
altbacken ist veraltert,
was niemals wurde nass,
was niemals zitternd stand
im Wasser bis zum Hals
bis Oberkannte Unterlippe
ängstlich bangte zu ersäufen.
So das Feuer sich nun raubt
alles was einst gut behütet,
staubig trocken ist
und brennt wie Zunder;
das Verwöhnte,
das Gekrönte.

Schluss

Träne im Schnee
kalt ist er und nass
der Abschiedskuss,
er tut so weh
der Schluss
von irgendwas
und ich seh'
mir bleibt
nur der Verdruss;
oh weh, oh weh!

Tugendwahn

 Aus der Tugend
spricht ein Wahn
alles zu vollbringen
zum 1 A gelingen,
Plan nach Plan
Fug zu Fugen
fügt sich sodann
der Edle irgendwann
das Paradies zusamm'
gründlichkeitshalber
mit Schlange dann.

Wenn Blitze zornen

Es donnert megakrachend
wenn Blitze zornen
sich mit Wut entladen
aus aufgewühlten Himmeln
schmetternd Feuer und Verderben,
glühende Höllendorne zischen
auf alles irdische Getier,
aufs edele Gemensch,
auf all was kreucht und fleucht
in, um und auf der Erden.
Des zornigen Blitzes Keil
entzweiet des Planeten Kern,
spaltet den gottverdammten Globus
dass sichtbar wird der Teufel,
packt ihn am Schwanz,
stutzt ihm die Hörner
und kastriert den Satansbraten;
denn Teufelseier sind die Leibesspeise
des Zornenblitzes aus dem All,
der nach Genuss gleich weiter ziehet
zum nächsten Teufelsnest im Kosmos.

Entzweit

gespaltene Träne
zweigeteiltes Leid
silberne Strähne
die Hoffnung
irrt so weit
drum ich wähne
mich entzweit.

Rar

Aus den Fugen
gerät das Jahr,
im und auf dem Kopf
wird alles rar.
Die Tugend schrumpft,
arm wird der Tropf,
sieht nicht mehr klar
wie, wo und was
so alles war.

Unheilig

„Es gibt kein Heil
es gibt kein' Segen,
alles ist nur weil
wir sind verwegen",
spricht der große Zarathustra,
zieht ehrfürchtig das Wasser
und klappte den Deckel zu
auf dem heiligen Götterklo
von himmlisch Illusionien,
dann fügt er noch hinzu:
„Es gibt zu viel des Grauens
 Noch mehr Pein und Leid,
der Mensch will um sich hauen
aus purer Heiterkeit
und er will zwingend glauben
dass es uns wirklich gibt
Götter rein wie weiße Tauben,
die Allmächtigkeit umgibt."
Dann lässt er wohlbedacht
Noch gründlich einen fahren
 rülpset erlöst dazu
und jauchzt JUHUU!

Zeitreigen

In holdem Reigen
fließt die Zeit,
will dir zeigen
wie tief, wie weit
dein Kopf allzeit bereit
ist sich zu neigen,
entzweit
in einen Tapferen
und einen Feigen.

Sieben Tränen

Sieben Tränen
hat die Nacht,
sieben Träume
sind erwacht,
die sich wähnen
alterbracht
zu lähmen
alles Sehnen
was du dir jemals
erfühlt, erdacht.

Mir graut's

Früh graut's mir vorm Aufstehen
so auch vorm aufrecht gehen,
mir graut's vor allem vorm Verstehen,
vorm Erkennen und Ersehen,
mir graut's vor dem Erblicken,
mir graut's vor dem Begehren,
sich zu verlieben,
mir graut's dann vorm Küssen
und ganz besonders vorm Ficken,
vor geschwängerten Weiberbäuchen,
mir graut's vor Geburten
  Kinderlärm und Windeln,
mir graut's vor Taufen,
vor Konfirmationen und Kommunionen,
denn mir graut's vor Kindersärgen
und den dauernd Fragen
wofür denn all die Plagen?

Der Hans

Der Hund
er beißt sich
in den Schwanz;
er tut es
weil, er kann's.
Anders ganz
ist es beim Hans
der hat
weder richtig Zahn
noch langen Schwanz.

Frühlingsdüfte

Frühlingsdüfte wehen
durch die Lüfte
und verdrehen
dir die Lüste,
Aromen der Liebe
beleben alte Süchte
und erwecken Triebe.

Unsichtbar durch Sehnen

Er hat sich eingesperrt
in einen dunklen Berg
der blaue Zauberzwerg,
um die Sehnsucht zu erlernen

wird unsichtbar,
wenn ihm fehlt der Blick
zu des Himmels Sonnenlicht,
wenn er misst die Farbe der Luft
und ihm fehlt der Vogelflug,
das Summen der Insekten
die Gerüche weiter Sicht.
Nur wenn er sich lang genug
nach all dem wieder sehnt,
sich hart kasteit und leidet
vergeht er allmählich
grämig in sich selbst
vor wachsender Riesensehnsucht
und wird unsichtbar
für all jene die das Sehnen
so nicht kennen, nie erlebten.

Urding

Es ist die Tugend
die mich plagt
im Sinne des Vollendens,
mich ewig fragt
warum der Kummer
so tief in mir nagt,
mein Urding
schon im Keim versagt.

Gefallener Krieger

Erschöpfet ist der Krieger
der da torkelt heim ins Haus,
fällt hin immer wieder
in sein Blut darnieder
und haucht, der Krieg sei aus,
 es herrsche nun Frieden.
Drauf stirbt er erliegen
im Blick den Garaus;
der Feind ist nämlich Sieger,
das hat er verschwiegen,
der Held, der Krieger.

Dekaliert

Dasein durch Entschwinden
Vergessen durch Erinnern
Hassen durch Verzeihen
Der Fluss fließt im Fallen
Den steilen Berg hinauf
Zur Quelle der Verkenntnis
Wo beginnt das Rutschen
Das Verschieben aller Werte
Wo brechen lange Finger
Die nach der Wahrheit greifen
Im scheinheiligen Wahn
Der Illusionen Verstellung
Wo Glauben ist ein Fetisch
Und alles Wissen ist verkommen
Im trügerischen Spiegelbild
Vom eigenen Schatten.

Schleichgedanke

 Gedanke,
du schleichst
heimtückisch
um mich 'rum.
Gedanke,
du weißt
wie unglücklich
ich bin;
Gedanke,
sag mir warum
und was ist der Sinn.

Wind

 Wind
im Haar
so wunderbar
du wehest lind
du wehest wild
ewig Kind
so klar wie wahr
und immerdar.

Segen für meine Söhne

Gesegnet sollt ihr sein
Söhne ihr beiden mein,
ein holder Schein
aus Schöpfers Schrein
mag aus der Höhe
euch erleuchten fein,
beschirmen euer Wandeln
auf Tugends Pfaden
wohlleiten euer Handeln,
in Freud und Heiterkeit,
auf dass ihr selber werdet
glückliche Väter allebeid
und die Sterne allzeit
euch weisen den Weg,
der Mond euch beschütze,
die Sonne heilen euer Leid.
Gesegnet sollt ihr so sein
Söhne ihr beiden mein!

Plackerei

Müd' ist der Tag
Groß war die Plag
Klein der Ertrag
Und doch kei' Klag
Denn so er's mag.

Ritt mit Britt

Tritt um Tritt
Nähert er sich Britt
Kribbeln im Schritt
Die nimmt ihn mit
Zum heißen Ritt
Sich ficken quitt
Und halten fit.

Ursprung der Nächte

Auch eine Nacht muss schlafen
wenn hell wird der Tag
sie träumt von weiten Sternen
tief drinnen im schwarzblauen,
galaktischen Universum
woher sie einst kam die Nacht,
aus der Mutter aller Nächte,
einem mystisch-schwarzen Loch
das sich ernährt von Sternen,
sie verschluckt wie Happen
dann ausdünstet als Nacht;
so werden sie geboren
aus des schwarzen Loches Poren
all unsere Nächte,
und je wie der verzehrte Stern
einst war an Stärke und Güte,
so unsere geschlafene Nacht
ruhig und friedlich durchträumt
oder im Albtraum böse erwacht.

Luftduftgeist

Duft im Geist
Luft im Kreis,
ich werd sehn
und weiß
du weißt,
es kreist
in der Luft
der Duft
von Wiedersehn,
im Urgeist
 erschuf't
aus Lichtluft
die wird bestehn
für den der weiß
wie Licht
und Geist
im Kreis
vergehn.

1 A

Auserwählte sind auserkoren
selbst zu bestimmen wer berufen
elitär sich auszuzeichnen
als bester Vollkommener
aller meist Privilegierten,
nur er allein soll's sein
der oberste Designierte,
der Gesalbte unter den Königen
der geölteste aller Kaiser
heiliger Delegat vor dem Herrn,
erster Bettvorleger des Teufels,
devote Stiege zum Hades
 braver Favorit im Fegefeuer,
zur eloquentesten Asche gelaucht
feinst beigemischt Firstclas
dem Premium-Klopapier
das dreiheilig hochgepriesen
fünflagig mit brio ausgezeichnet,
damit himmlischster Menschenfinger
niemals ungewollt gelange
durchbrechend ins Loch der Löcher
vom Arsch aller Ärsche.

Mutter-Nutten-Nonne

Sie ist Mutter
manchmal auch Nutte
meist beides
schafft an für Futter
ausgebreiten Beinens
wird später Nonne
trägt eine Kutte
die Fromme,
welch heilige Wonne.

Buchstabengerinn

Geschrieben wird viel
Geleistet nur wenig
Aufgerieben ist der Stil
Der nicht mehr will
Einst hochgepriesen
Zuerst im Sinn
Dann als Gedanke,
Als Buchstabengerinn.

Nonsense

Zucken im Blitz,
Donner im Gewitter,
der Ritter trägt Harnisch,
im tobenden Antlitz
er reitet über Wolken,
schwenkt das Banner
und führt im Schilde:
den Feind an der Nase
sein Ross am Zügel
das Heer ins Feld
den Feind in die Falle;
um zu klären die Luft
und spülen weg
den lästigen Dreck,
um zu spalten die Kluft
noch mehr ein bisschen
zwischen Leuten,
Menschen und Personen.

Lebenweichen

So mancher sieht
sich auserkoren
ohnegleichen,
hochwohlgeboren
er auszieht
um zu thronen
auf goldenen Emporen,
er überzieht
seinen Weg mit Leichen
bis hin zu den Toren
des Absurden gleichen
wo ihm geschieht
ein Sinnesweichen,
und er die Lehre zieht,
dass alles ist verloren
weil alles Erreichen
ihm nie war beschieden
da unrecht erworben
mit Sünden zugleichen
ihm nie wird verziehen.

Zwischen den Zeiten

Sie kommen
zwischen den Zeiten
immer wieder,
um zu reformen
die Verformten,
die Verkümmerten,
die Verdammten.
Es sind die Erhabenen,
die Allwissenden,
die Allheilenden
und Lösungsbringer,
bekannt auch
als Gutmenschen,
Klugscheißer,
Moralpostel,
Korinthenkacker,
die nie aussterben
und zuverlässig kommen
immer wieder
zwischen den Zeiten.

Reisewicht

Alleine meist
er reist, der Wicht
als ewiger Wanderer
will er sehen
und erleben
wie kein anderer,
der Wicht,
folgt einem Drang
schon aus der Wiege,
ein Zauberzwang
voller Triebe,
der Wicht
folgt jeder Biege
was wohl dahinter liege,
ein Loch in die Welten
er so wird verleben
bis ihm erlischt
dem Wicht
das Lebenslicht
und alles zerbricht.

Blauer Unreim

Meistens blau
und weichend
bricht das Licht
so klar
und manchmal nicht
das Blaue spricht,
sagt nie zu dir
in dein Gesicht,
immerdar
es sei ein Veilchen
niemals nicht,
so blau in blau
es spiegele nicht
        das Auge gar
für ein Weilchen,
   als blaues Licht
   sich selbst erpicht
und macht sich rar.

Zeitloch

Gestern noch
blühte bunt
die Heide,
fürwahr
in buntem Kleide
sah ich doch
das Sommerlicht
warm und hellrund;
Juchay-Juchaye!

Heut jedoch
Ists frostig klar,
liegt auf der Heide
 Schnee sogar
und ich weile
arg tief drin
im Zeitenloch,
weiß niemals nicht
wer ich bin
und was war;
Ohway-Ohwaye!

Freudensterben

Freude und Glück sind rund,
Leid und Streit gar eckig,
des Lebens Spalten
trennen die Keile
des Trotzens und Fluchens,
aus Eitelkeit geboren
für Menschen die schwitzen
vor Angst wo Tiere eher frieren,
damit am Ende Ruhm entstehe,
alles in Einfalt vergehe,
so wispert es der Spatz durchsiebt
von Schrotkugeln und Schrapnellen.
Seine Eier im Nest
kühlen ab und sterben;
das Leben ist betrogen,
das Glück zerkeilt
ob rund oder eckig
nach Streit folgt Leid,
im Tod wird gestorben.

<u>Furore</u>

Angst
hat große Augen
und mächtig Furcht
im scheuen Blick
wandelt sich in
Panik
dringt aus allen Poren
und macht sich breit
 in sträubend Nackenhaaren
Furcht
diktiert den Kammfedern
sich zu ziehen hoch aus
Bange
um Leib und Leben
schießt Adrenalin
in deine schwellend Adern
macht dich aggressiv
und noch mehr wild
schlägst du um dich in
Furore
und vernichtest alles
was dir könnte schaden.

Eiderdaus

Was nicht rund
ist eckig
zackig fliegt
sich krumm verbiegt
und dreckig
trotzt die Maus
dem Bund
von Katz
und Hund
dem Eiderdaus
aus Fratz
und Kunterbunt.

Zaubertrank

Wer ihn trinkt
den Zaubertrank
wird jung und schön,
tapfer und mutig,
reich und gesund,
glücklich wie zufrieden.

Wenn's aber nicht klappt
dann kriegt er Pickel
an Gesicht und Arsch,
wird krank und arm
vom Pech verfolgt
verliert er alles;
kompensierend aber
darf er so ewig leben.

Wassersehnsucht

Am Anfang jeden Flusses
steht der Sinn des Überdrusses
sowie der Drang des Wassers
auszubrechen aus den Fängen
irdischen Dunkels,
um zu wissen wie's da draußen
es in Bächen ist zu fließen,
ohne Unterbrechen
frei zu plätschern und begießen
damit alles sprießet
was da wollet leben
von ihm dem Wasser sei's gegeben
von der Quelle übern Bach
in den Fluss zum Meere,
wendend soll es rinnen
sich ausbreiten und ewig mehren,
manchmal seichte, manchmal schnelle,
gesegnet innen, feucht im Geiste,
um sich am Ende zu verlieren
in des Ozeans Weiten.

Eigenmorden

Lausche und verstehe
bevor du ermorden tust
dich eigen selbst,
denke und sinniere
bevor du resignierst total
und prüfe gut das Seil
an dem du hängen willst
nachdem du absägt
hast bisher jeden Ast
auf dem du standest;
denn nichts ist schlimmer
als unglücklich zu verunglücken
beim Versuch zu nehmen
das Leben durch dich selbst
und du endest als Krüppel
unfähig dich noch zu bewegen,
aber alles kriegest mit
und leidest tausendmal mehr
als jemals zuvor.

John Asht

Burzenland

Auenland der Kriemhild-Nibelungen

Zeiden

RODER
VERLAG

illustrierte Auflage

John Asht

ESSAYix

Essays

Herstellung und Verlag:
BoD - Books on Demand, Norderstedt
ISBN 978-3-7460-1291-9